Sonnenstrahlen für alle Tage

Die Deutsche Nationalbibliothek verzeichnet diese Publikation in der Deutschen Nationalbibliografie; detaillierte bibliografische Daten sind im Internet über http://dnb.dnb.de abrufbar.

Oleanderstraße 12 - 41470 Neuss

Tel. 0 21 37/95 27 88

Fax 0 21 37/95 27 83

Layout, Satz: Wolfgang Reif

Covergestaltung unter Verwendung einer Grafik von adobe.com

Alle weiteren Fotos: Ruth Wiedner-Runo

ISBN 978-3-928249-57-7

www.skript-verlag.de

Marianne Förster

Sonnenstrahlen für alle Tage

Gedichte

Herausgegeben von Ruth Wiedner-Runo

Marianne Förster (†), am 11. August 1929 im heutigen Rhein-Kreis Neuss geboren, hatte schon als Kind ein Faible für Geschichten.

Doch bis sie selbst zu Stift und Block – und später zum Laptop – griff, um ihr Talent auszuleben, sollte es einige Jahre dauern. Als erfolgreiche Geschäftsfrau baut sie zunächst mit ihrem Mann einen Landhandel auf. 1985 zieht sich Marianne Förster dann komplett aus dem Betrieb zurück, um sich ausschließlich der Literatur zu zuwenden.

1985 gründet sie zunächst einen Eigenverlag, in dem sie unter anderem vier Kinderbücher, ein Mundartbuch und etliche Kurzgeschichten veröffentlicht. 1990 folgt der Durchbruch, als sie mit ihren exklusiven Glückwunschkarten bundesweit bekannt wird. Die Texte haben nichts an ihrer Aktualität verloren, sie werden auch heute noch auf Festlichkeiten vorgetragen. Es folgen Lesetouren, Frauen-Romane (Luisa Bella und Lebensliebe), ein Gesundheitsbuch und Weihnachtsgeschichten zum Vorlesen.

Mit dem Buch „Sonnenstrahlen für alle Tage" – eine gelungene Kombination aus heiteren, besinnlichen, aber auch zeitkritischen Texten – will die Autorin die Leser und Leserinnen in ihre Gedankenwelt einladen.

Vorwort

Frei nach Trude Herr „Niemals geht man so ganz. Irgendwas von mir, bleibt hier …“ erinnert dieser Gedichtband an Marianne Förster. Trotz ihrer 90 plus beschäftigte sie sich fast täglich mit dem geplanten Werk. Eine Veröffentlichung durfte sie allerdings nicht mehr miterleben. Sie starb mit 92 Jahren nach kurzer, schwerer Krankheit im Oktober 2021.

Marianne Förster war eine waschechte Rheinländerin. Sie, im August 1929 in Glehn (heute Stadt Korschenbroich) geboren, steckte voller Tatendrang. Ihre Kreativität kannte bis zuletzt keine Grenzen.

Sie sorgte mit kleinen und großen Werken für Kurzweil bei Jung und Alt. Zauberte ihren Lesern oder Zuhörern mal mit Heiterem, mal mit etwas Besinnlichem ein Lächeln aufs Gesicht, zeigte Verständnis, spendete Trost und vertrieb so manche Sorgenfalte. Marianne Förster verstand es einfach, die Menschen zu begeistern, aufzubauen. Sie verstand es aber auch, die Menschen mit ihren zeitkritischen Gedichten zum Nachdenken zu bringen.

Was viele nicht wissen: Von einer erfolgreichen Geschäftsfrau hin zu einer ebenso erfolgreichen Autorin war es für sie ein beschwerlicher Weg.

Ihr Mann Hermann, mit dem sie gemeinsam den Landhandel Förster aufgebaut hat und der mittlerweile in dritter Generation erfolgreich weitergeführt wird, hatte für ihre Leidenschaft wenig Sinn. Lesen ja, aber auch noch schreiben, das war ihm mehr als suspekt. Aber Marianne Förster hat sich durchgesetzt. Leidenschaftlich durchgesetzt – eben wie eine willensstarke Löwin.

Der Anfang ist kurz beschrieben: Den Grundstein für ihre neue Herausforderung legte vor mehr als 35 Jahren ein Vierzeiler, eine Werbung für ein Neusser Teppichhaus. Sie wurde bei dem Wettbewerb mit dem ersten Preis ausgezeichnet, mit einem Teppich, mit was sonst? Danach gab's für sie kein Halten mehr. Marianne Förster produzierte Texte für hochwertige Gruß- und Glückwunschkarten, versuchte sich an Kurzgeschichten, an Kinderbüchern, an Frauen-Romanen, an Mundart-Episoden, an Vorträgen.

Ihre gute Beobachtungsgabe und ihre positive Einstellung zum Leben waren die besten Lieferanten für neue Ideen, neuen Lesestoff. Ihr Motto: „Ich muss einfach schreiben, schreiben, schreiben, vorlesen und vortragen. Das hält mein Immunsystem auf Trab." Dieser Satz war auch Triebfeder für diesen Gedichtband. Mit ihrer großen Lebenserfahrung und ihrer Gabe, mit Worten gekonnt zu jonglieren, genießt der Leser die verbalen Sonnenstrahlen - mal munter, mal mutig, mal machtvoll eingefärbt!

Ruth Wiedner-Runo

Corona 2020

Corona hin, Corona her,
man hört fast nichts Gescheites mehr,
nur Horror kommt zu jeder Zeit
von diesem Virus, weltenweit.

Man denkt und glaubt es ist nicht wahr,
vor kurzem war noch alles klar.
Obwohl, zu ahnen war schon lange,
es kommt etwas, das macht uns bange.

Was sich auf unsrer Erde tut,
durch uns, ist wahrhaftig gar nicht gut.
Statt besser? Wird es noch viel schlimmer.
Bescheidenheit? Kein blasser Schimmer.

Schlimm, was sich Menschen all erlauben:
großmächtig die Natur berauben,
Konsum ist wichtig, viel zu sehr,
man treibt es bis zum „Geht-nicht-mehr".

Was nicht gefällt, muss ganz schnell weg,
das häuft noch mehr den vielen Dreck.
Statt man Natur pfleglich umhüllt,
wird sie durch uns noch zugemüllt.

Ein Halten gibt's vor gar nichts mehr,
was man sich wünscht, muss sofort her.
Was heute „in" ist, hat es noch nie gegeben,
beschwerlich war es stets, gut zu leben.

Ich kann und will es jetzt nicht beschreiben,
was Menschen für Unfug mit Nahrung treiben,
und die Kinder, was kriegen die alles zu seh'n,
mein Gott, wie soll das noch weiter geh'n?

Was hat man den Hilflosen angetan,
ich weine, so oft ich denke daran.
Und die Tiere, sie leiden ohne zu klagen,
dafür geht uns Corona jetzt an den Kragen.

Die Rächerin könnte uns alle vernichten,
denn es gibt noch kein Mittel, sie hinzurichten.
Wir sind fast am Ende mit unsrem Latein.
Gott sei uns gnädig, lass uns nicht allein!

Es wehrt sich gewaltig auch Mutter Natur,
sie dirigiert unsere Weltenuhr
und zeigt uns welch' dumme Wesen wir sind,
überheblich, herzlos, gierig und blind.

Wird's ihr zu viel, schlägt sie gnadenlos zu,
dann gibt's kein Entrinnen, vorbei ist die Ruh.
Jetzt ist es auch wieder einmal so weit;
Natur hilft der Erde, sie macht sich bereit.

Die Stunde der Wahrheit ist angekommen,
wer das noch immer nicht angenommen,
(vielleicht will man's nicht hören und seh'n)
dem bleibt der Verstand garantiert bald schon
steh'n.

Es gibt für uns Menschen nirgendwo auf der Welt
einen Platz zum Verstecken, auch nicht für viel Geld.
Corona hat alles im Griff, arm und reich,
Corona treibt es noch weiter, macht alle gleich.

Die Misere kam plötzlich, von heute auf morgen,
keine Zeit für Experten vorzusorgen.
Wie kann man dem Spuk ein Ende bereiten?
Nur Vorschläge gibt es von allen Seiten.

Ich kann nicht mehr denken, nein nur noch
hoffen,
das Unglück hat uns zu arg getroffen.
Unsre Ahnen nannten es „Strafgericht",
da rauszukommen, schaffen alleine wir nicht.

Großen Dank allen, die mit Leib und Leben,
am Tage und auch noch in der Nacht,
ihre letzten Kräfte für uns hergegeben,
denn sie haben Corona den Kampf angesagt.

Es ist höchste Zeit, fast schon viel zu spät,
wenn die Menschheit sofort ihr Leben nicht
dreht. Packen wir's an, wir sind weltweit vernetzt.
Vielleicht stärkt uns die Hoffnung, sie stirbt ja
zuletzt.

Denkmal für die Putzfrau

Verkennt mir nur die Putzfrau nicht,
sie ist das Salz der Erde,
ich möchte gern durch dies Gedicht,
dass sie geachtet werde.

Bei vielen säh' es anders aus,
stünd' sie uns nicht zur Seite,
Desaster gäb's nicht nur im Haus,
es gibt auch andere Pleite.

Was Psychologen nie erfahren,
das wissen Putzfrau'n schon seit Jahren,
und lassen's tief im Herzen liegen,
denn gute Putzfrau'n sind verschwiegen.

Die Wäsche, dieses Biotop,
erzählt nichts vom Designer Joop,
nein, andere Geschichten
könnt sie davon berichten.

Das tut sie nicht, drum immerhin
ist sie Geheimnisträgerin.
Sie pflegt nicht nur die Utensilien,
weiß sehr viel auch von den Familien.

Wenn Opa mal die Zähne sucht,
und aufgeregt durchs Zimmer flucht,
wer findet sie im Irgendwo?
Die Putzfrau hinterm Radio.

Wer macht das liebe, kleine Kindl,
wenn's nottut, schnell mal in die Windel?
Das Fläschchen kommt auch noch dazu,
die Putzfrau, dann hat Baby Ruh.

Wenn mal zu viele Regenzeiten,
dem Rasen Hässlichkeit bereiten,
dann macht die Putzfrau schnipp und schnapp,
und mäht die Hässlichkeiten ab.

Die meisten Putzfrau'n können kochen,
bereiten mit und ohne Knochen,
ein Süppchen kräftig, lecker, gut,
so wie's die Oma heut' noch tut.

Sie hilft sogar bei allem hetzen,
meinen BH-Knopf zu versetzen.
Es tut mir manchmal richtig weh,
wenn ich so abgemüht sie seh'.

Ach ja, sie kennt auch Schürzenjäger,
und hat so manchem flotten Feger,
der sie bedrängt, eins draufgegeben,
so einen brauch sie nicht zum Leben.

Ich werde wütend, wenn man hört,
was an der Putzfrau alles stört.
Ich stimm' nicht in die Leier ein,
denk': Macht doch Euren Dreck allein.
Sie lächelt stolz und sagt: „In Gottes Namen, wer
mich nicht will, der soll mich auch nicht haben!"

Mein Kopf ist voll von guten Dingen,
die manche Putzfrauen vollbringen.
Das geht auf keine Kuhhaut drauf,
drum höre ich auch damit auf.

Gelobt sei jetzt und alle Zeit,
die Putzfrau bis in Ewigkeit!

Letztes Wort

Schöpfung war des Schöpfers Wille,
und er schuf so mancherlei:
Pflanzen, Fische, Löwen, Grillen,
Menschen waren auch dabei.

Unter tausenden Gestalten,
lebte auch ein Ehepaar,
das schon vieles durchgehalten,
unglücklich auch glücklich war.

Er, ein Mann mit Fähigkeiten,
strotzend voller Lebenslust,
welche Wünsche *Sie* begleiten,
hat er aber nicht gewusst.

Er bestimmte auch *Ihr* Leben,
alles war recht gut gemeint,
doch zu viel vom Falschen nehmen,
schwächt, drum hat sie oft geweint.

Manchmal wollt' sie ihn beschwören:
„Ich hab' wenig Freude, Mann."
Doch als Antwort war zu hören:
„Frau, nun stell' Dich nicht so an!"

Schade, denn er zog so selten
Ihre Wünsche ins Kalkül,
Mann und Frau getrennt durch Welten,
ganz besonders im Gefühl.

Mitten in des Lebens Fülle,
schlug das Schicksal auf ihn ein.
Gott, warum ist das Dein Wille?
Sie ist krank, ich bin allein.

Bittend, bettelnd, betend, flehend,
wissend, es bleibt keine Frist,
ahnt er, jetzt erst plötzlich sehend,
dass *die* Frau sein Leben ist.

Niemand kann den Mann mehr trösten,
sitzt da, wie der ärmste Wicht,
Tränen nicht den Kummer lösen,
er begreift es einfach nicht.

Ihre Kräfte schon vergehen,
leise sie nur sprechen kann,
doch er kann sie noch verstehen:
„Mann, nun stell` Dich nicht so an!“

Rentner-Gelöbnis

„Jetzt bin ich Rentner“, sprach mein Mann,
„nun fängt ein neues Leben an.
Der Arbeitsstress liegt hinter mir,
ich bin nur noch Dein Kavalier.
Das Frühstück bring' ich Dir ans Bett
und putz' auf Hochglanz das Parkett.
Vom Einkauf werd' ich Dich entlasten,
brauchst nicht zum Supermarkt zu hasten.
Was mittags duftend auf dem Tisch,
mein Liebling, das besorge ich.
Den ganzen Haushalt, Du wirst seh'n,
den schaffe ich im Handumdreh'n.
Der Garten, der ist mein Revier,
Du schonst Dich, ja das schwör' ich Dir.
Du sollst nur in der Sonne sitzen,
lass mich beim Säen und Ernten schwitzen.
Das alles schaff' ich frohgemut,
denn meine Laune ist stets gut.
Ich mach' den Himmel Dir auf Erden,
der Alltag wird zum Sonntag werden!“

Bevor ein Jahr vergangen war,
war für die Frau des Rentners klar:
Anstatt sich endlich zu entfalten,
blieb alles, alles nur beim Alten.
Was sie letztendlich sagen kann:

„Ich hab' mehr Arbeit, weniger Geld
und auch noch doppelt so viel Mann!!!“

An mein Kind

Wenn Geräusche leiser klingen,
stille Geister um mich sind,
Abendstunden Ruhe bringen,
denk ich sehr an Dich, mein Kind.

Jahre viel zu schnell vergehen,
Zeit und Leben zieh'n dahin,
komm, wir wollen vorwärts sehen,
jedes Jahr ist ein Gewinn.

Ich bin froh, dass ich Dich habe,
bist die ganze Welt für mich.
Ja, die beste Göttergabe
Das bist Du, ich liebe Dich.

Erste Liebe

Ich war einmal sehr arg im Stress,
mein Körper funkte SOS,
mit beiden Augen fing es an,
die sahen plötzlich einen Mann.

Warum so überlegte ich,
geh'n jetzt so Wellen über mich?
Das kann doch keine Krankheit sein,
ich fühl mich gut doch allgemein.

Mein Hals wird eng, ich kann nichts machen,
das ist nun gar nicht mehr zum Lachen.
Der Atem stockt, die Ohren klingen,
im ganzen Kopf fängt's an zu singen.

Ich möchte, doch ich kann nichts sagen,
nun wird mir auch noch flau im Magen.
Die Arme sind wie Blei so schwer,
verflixt noch mal, wo kommt das her?

Die Füße gehen keinen Schritt,
Du, lieber Gott was mach' ich mit.
Vielleicht, so denke ich bedrückt
ist das der Anfang von verrückt.

Die Hände wissen nicht wohin,
jetzt spür' ich auch den „sexten" Sinn.
Im ganzen Körper sitzt ein Trieb,
gleich schrei ich: „Mann, ich hab Dich lieb!"

Nun wird auch mein Gesicht noch rot,
wer weiß - vielleicht bin ich gleich tot.
Ich war noch nie so fasziniert.
Was ist denn nur mit mir passiert?

Ich bin verzaubert, nicht zu retten,
das ist die Liebe, möcht' ich wetten.
Ich werde es dem Doktor sagen,
was *das* war, muss ich ihn mal fragen.

Und dieser sagte ziemlich kühl:
„Dies' unbekannte Hochgefühl,
war sicherlich der Liebesstress,
das ist ein chemischer Prozess!“

Herzallerliebster

Ich möchte mit Dir in der Sonne liegen,
mit süßen Worten Dich betören,
Dich kaum berühren, mich nur an Dich
schmiegen,
kein andrer Mensch soll etwas seh'n und hören.
Mein Duft soll Dich umhüllen, Dich ermüden.
Dein Herz muss viele Takte weniger schlagen,
Dein Blut darf nur noch fließen nicht mehr
sieden,
sonst wirst Du meine Liebe nicht ertragen.

Ich hauch Dir Märchen zu, die alle selbst
erfunden,
die von zwei Menschen und von ihrem Tun
erzählen,
von Seligkeiten bisher nie erlebter Stunden,
Du wirst ganz ruhig sein, weil unsre Sinne sich
vermählen.

Ich will Dir alles sagen, und vor nichts mich
scheuen,
mach' Deine Augen zu und denke nur an mich,
dann werd' ich glücklich sein und keinen
Augenblick bereuen.
Ich wünsche mir jetzt nichts, als nur noch Dich.

Ich küsse Dich und Du, lass Deine Seele fallen,
und Deine Haut erblühen unter meinen Händen,
hör' meine Liebesworte, die nie mehr verhallen,

wenn Du sie aufnimmst.
Lieber Gott, lass diese Liebe niemals enden.

DU

Du

bist der Mensch, der mich am meisten liebt,
der Mann, der immer mit mir ist,
der mir an kalten Tagen Wärme gibt,
der, dass ich da bin, nie vergisst.

Der

mir schon tausendfach „Ich liebe Dich“
geschworen,
und mir sein treues Herz gereicht,
der sagt „ich bin doch nur für Dich geboren,“
Du bist die Frau, der keine andre gleicht.

Der

Schmerzen um mich schon so oft ertragen,
und Tränen hat vergossen, laut und leis’,
dem niemand Antwort gab auf viele Fragen,
ja, Liebster, ja ich weiß, ich weiß.

Ahnst

Du, was es für mich bedeutet,
wenn Du mir sagst „Ich lebe nur für Dich?“
Wenn auch die Hochzeitsglocke niemals für uns
läutet,
Du bist und bleibst der Mittelpunkt für mich.

So

tiefe Liebe kann man kaum beschreiben,
hier ist der Schöpfer mit im großen Spiel,
es wird wohl bis zu unserm Ende bleiben,
und dann vereint im All, welch' schönes Ziel.

Drei rote Rosen

Drei rote Rosen sind von mir,
sie bringen einen Gruß zu Dir.
Drei Rosen blühen nur für Dich,
aus Liebe, geradeso wie ich.

Die erste Rose soll Dir sagen:
Mein Herz wird nur für Dich
noch schlagen.

Die zweite soll für mich beschwören:
Mein Leben wird nur Dir gehören.

Die dritte dieser roten Rosen
soll Dich von A – Z liebkosen,
wie Du es möchtest jederzeit,
jetzt und in alle Ewigkeit.

Danke, Herr Doktor!

Ein armer Mensch, der müd' und matt
von Krankheit war geplagt,
viel Angst und keinen Mut mehr hat,
dem hat der Arzt gesagt:

„Kopf hoch, das alles schaffen wir,
es ist nur zu bedenken:
Mein Patient muss aber mir,
auch sein Vertrauen schenken.

Wir brauchen außer Medizin,
viel Kraft und Zuversicht,
wenn wir an einem Stricke zieh'n,
dann sehe ich schon Licht."

Ich hab's versucht, nun ist's soweit,
das Wunder ist vollbracht,
jetzt bin ich voller Lebensfreud',
das haben Sie gemacht.

Ich möchte mich bei Ihnen nun,
aufs Herzlichste bedanken,
Sie sind – das sag' ich noch dazu –
ein Glücksfall für die Kranken.

Wort des Trostes

Manchmal gibt es Tage, da bin ich sehr aufgebracht,
meistens weiß ich dann nicht, was mich so betroffen macht.
Trotz Bemühung geht nichts grade, vielmehr alles schief,
böse Geister tanzen an, obwohl ich sie nicht rief.
Schlechte Laune, Galle, Blutdruck haben sich verbündet,
gleich am frühen Morgen mir den Kampf schon angekündet.

Vorsicht ist geboten, denn heut' kann ich nur anecken,
kämpf' allein, weil alle guten Geister sich verstecken.
Mann und Kind und Kegel könnt ich auf den Blocksberg jagen,
Ganz umsonst wär', mir jetzt etwas Tröstliches zu sagen.
Alle guten Worte, weder laut gesagt noch leise,
werden mir nicht helfen, nur ein einziges Wort noch:

Sch …!

Kirmes-Träumerei

Kirmes ist das Fest der Feste,
was die Menschen sehr bewegt,
jeder richtet sich aufs Beste,
Stadt erstrahlt wie ein Komet.

Alles ist dann auf den Beinen:
Kinder, Eltern, alte Leut',
bunte Sachen für die Kleinen,
für die Großen andere Freud'.

Auch gibt's Menschen die sich quälen,
für die sieht es trübe aus,
liegen matt an Leib und Seele
an dem Fest im Krankenhaus.

Eine Frau mit greisem Haare
lag da, wie ein welkes Blatt,
ob sie durch die vielen Jahre
keine Lebenslust mehr hat?

Da – auf einmal, auf dem Rasen,
stand ein Schützen-Musikkorps,
es hat Marschmusik geblasen
und die drang bis an ihr Ohr.

Alte Zeiten kamen wieder
und Geschichten wurden wach,
durch die Musik und die Lieder,
alte Bilder – hundertfach.

Leis' ihr Runzelmund erzählte,
wie's zur Kirmes früher war,
keine Krankheit sie jetzt quälte,
stiller Glanz im Augenpaar.

Mit den schönen Faltenhänden
trommelte sie, sichtlich froh,
als die Musik längst zu Ende,
noch den Takt auf das Plumeau.

In der Nacht konnt' ich sie hören,
ihre Kirmes-Träumerei,
ja, ich kann' das all' beschwören,
war persönlich mit dabei.

Darum spielt ihr Musikanten,
spielt zur Kirmes mit Plaisier,
denn die kranken Arrestanten
hörn's und danken euch dafür.

Ballast abwerfen

Ballast kann gut sein, oder schlecht,
man trägt ihn, manchmal laut, mal stumm,
wer jung ist, kommt damit zurecht,
und kümmert sich nicht sehr darum.

Es wird gestrebt nach vielen Dingen,
nach Wissen, Macht und Geld und Ruhm,
man will, man kann, man muss es bringen,
so mancher hat viel Eigentum.

Es wird geschuftet und gehandelt,
Minuten werden ausgenutzt,
Freizeit in Zeitdruck umgewandelt,
und Freunde einfach weggeputzt.

Ein Mensch vergaß aus lauter Streben,
was doch so äußerst wichtig ist:
Er konnt' nur nebenbei noch leben,
weil er zurzeit ja nichts vermisst.

Dann kam er in die sechziger Jahre,
wo „Kürzertreten" angesagt,
es fehlten Zähne schon und Haare:
„Wo bleibt die Zeit?" hat er gefragt.

Ein neues Leben soll beginnen,
er hat ja nun den Überblick,
die Zeit wird ungetrübt verrinnen,
jetzt will er leben – nur im Glück!

Zunächst will er sich mal befreien,
sagt: „Ballast werfe ich jetzt ab,
und lichte überflüssige Reihen,
man nimmt ja doch nichts mit ins Grab!“

Ja, bald erlaube ich mir alles,
im Alter hab’ ich keine Not,
dann plötzlich kam der Fall des Falles,
bevor er’s anging, war er tot.

Trost zur Scheidung

Nun ist er fort, der tolle Mann,

was hast Du jetzt verloren?
noch nichts, das Leben fängt neu an,
Du bist wie neugeboren.

Er sagt' Adieu und ging davon,
es war nichts einzurenken,
dafür musst Du nun weniger tun,
dass musst Du auch bedenken.

Du brauchst ihm jetzt nicht jeden Tag
das Essen zubereiten,
er meckerte doch meistens, mit dem Kerl
gab's doch nur Pleiten.

Die Unterhosen, Socken und die ganz
kaputten Taschen,
die soll das neue Liebchen ihm jetzt flicken
und fein waschen.

Du musst auch keine Männerschuh',
mit Dreck bis obenan,
mehr putzen, damit ist jetzt Ruh'
Du hast zu viel getan!

Wenn Du mit ihm mal reden wolltest,
ließ er das nicht zu,
er war allein der große Boss,
Du nur die dumme Kuh!

Du hast Dein Bestes stets getan,
dafür gab's nie Applaus,
warst immer da für diesen Mann
nun setz' den Schlusspunkt: „aus"!

Pack doch Dein Leben ganz neu an,
mach' eine große Wende,
Du lebtest mit dem falschen Mann
das Spiel ist jetzt zu Ende!!!

Geist und Körper

In jungen Jahren ist es so,
da kann der Geist befehlen,
er steckt dann ab das Risiko,
weil Jahre noch nicht zählen.

Er sagt: „Du Körper, gib mal acht,
Du kannst ganz viel vollbringen,
was ich mir alles ausgedacht,
kannst mutig Du bezwingen.“

Ich geb’ Dir das Kommando an,
Du kannst dann fleißig starten,
bist von uns zwei der Vordermann,
ich leg’ für Dich die Karten.

Dem Körper war das angenehm,
er stand in voller Blüte,
und sah in gar nichts ein Problem,
er war ja erste Güte.

Oft gab er letzte Kräfte her,
in großen Abenteuern,
er wusste bei dem „Gehtnichtmehr“,
dass sie sich ja erneuern.

So ging das viele Jahre lang,
er war nicht klein zu kriegen,
und frönte seinem Schaffensdrang,
sein Ziel war – immer siegen.

Dann schlichen sich Momente ein,
da wurde manches schwer,
er klagte über „Müde sein“
und vieles andere mehr.

Sein Geist, der peitschte weiter auf
und flüsterte ihm zu:
„He, Körper, hast doch noch viel drauf,
setz’ Dich noch nicht zur Ruh.“

Dann, eines Tages war’s soweit,
es wechselten die Pole,
der Körper sagt:
„Nun kommt die Zeit,
jetzt geb’ ich die Parole.“

Ich sag’ Dir jetzt, was ich noch kann,
vor allem was ich möcht’,
schau mich doch einmal gründlich an,
ich war zu lang’ Dein Knecht.

Ich weiß wohl und vergess’ es nie,
Du plantest den Triumpf,
ich lieferte die Energie,
gemeinsam war’n wir Trumpf.

Wir wollen bis zur Ewigkeit
noch gute Freunde bleiben,
zu manchem Höhenflug bereit,
doch nichts mehr übertreiben.

Lieber Gott

Du, lieber Gott, hör' doch mal her,
ich glaub', Du magst uns gar nicht mehr.
Wir sind im Chaos, wie noch nie,
hier fehlt es sehr an Harmonie.

Der Mensch weiß nicht, wohin er treibt,
nur wenig von Vernunft noch bleibt.
Gott hilf uns, es ist höchste Zeit,
bring uns doch zur Besonnenheit.

Gedanken zum Weihnachtsfest

Menschensehnen, Menschenwollen,
ist der Friede, allezeit
trotzdem die Raketen rollen,
nirgendwo ist Einigkeit.
Die Vernunft ist ohne Chancen,
Wahnsinn hat Hochkonjunktur,
nur Gigantik, kaum Nuancen,
wütend rächt sich die Natur.

Tradition und Werte schwinden,
überall nur Lug und Trug,
höchste Zeit zum Selberfinden,
„Ich-Vernichter" gibt's genug.
„Du sollst deinen Nächsten Lieben"
ist ein Friedensfundament.
Wo ist der Bibelspruch geblieben?
Liegt er gar nicht mehr im Trend?

Was kann man denn besser machen,
gibt es ein Patentrezept?
Ja, die allerbesten Sachen
wirken, wenn man sie vorlebt.

Weihnachtswunsch

Das Weihnachts- und das Neujahrsfest
mehr Zeit zum Nachdenken zulässt,
über Schwächen, über Stärken,
auch, sich Wichtiges zu merken:
Werte von Zeit zu Zeit überprüfen,
Gefühle für Menschen, die's brauchen, vertiefen.

Ein Kornfeld in Dankbarkeit betrachten,
Brot immer als Lebensspender achten.
Die „Blaue Stunde" mal alleine genießen,
Körper und Geist es zu danken wissen.
Das Largo von Händel sich anzuhören,
es lässt dich entschweben in himmlische Sphären.

Zulassen, dass eine Träne rinnt,
wenn die Callas „Mio Babbino Caro" singt.
Wenn das Lied der Nachtigall erschallt,
still sein, es tanzen Elfen im Wald.
Nie vergessen: Ein guter Mensch ist erst gut,
wenn er den Tieren auch Gutes tut.

Wenn die Sonne strahlend am Himmel steht,
nicht dran denken, dass sie auch einmal vergeht.
Mal ein kleines Gedicht unterm Tannenbaum
lesen,
mit Kindheitsgefühl, so wie's damals gewesen.

Glauben, wenn Weihnachten vor der Türe steht,
dass ein großer Traum in Erfüllung geht
und alle Menschen dann sagen werden:
Es ist Friede, endlich Friede auf Erden.

Sternengleich

Zum Weihnachtsfest gehören Wünschen und Schenken,
aber auch darüber mal nachzudenken,
was kommen wird und was alles war,
es kann viel passieren in einem Jahr:

Hat man den richtigen Menschen vertraut?
Böse Verführungen zeitig durchschaut?
Kann man sich noch auf sich selbst verlassen?
Geh'n wir zu viele markierte Straßen?

War'n die Wörter des Jahres „haben und kriegen"?
Oder immer nur „siegen, siegen"?
Ist das Herz noch bereit, Liebe zu schenken?
Oder lassen Enttäuschungen nicht daran denken?

Gibt es den Blick noch für kleine Zahlen?
und für Wolken, die Bilder ans Himmelszelt malen?
Ist der Schutzengel auch schon so strapaziert,
dass er die Engelsgeduld verliert?

Wo sind gute Riesen, die wir einst hatten?
Werfen jetzt Zwerge die größten Schatten?
Wie schön könnt' es sein, wenn der Neid nicht wär',
er macht Türen zu und die Seelen leer.

Das Jahr ist vorbei, nichts mehr nachzukarten,
ein neues Jahr lädt uns ein, zu starten.
Wird es in der Welt Frieden geben?
oder wird sie sich aus den Angeln heben?
Wir sind nur wie Stäubchen in Gottes Reich,
manchmal leuchtet eins von uns sternengleich.

Die Jäger

Die Jäger lieben die Natur
und geh'n mit Hund durch Wald und Flur.
Sie träumen von enormer Beute,
das ist der Wunsch der Jägersleute.
Wird dann Erlegtes heimgetragen,
freut sich natürlich mancher Magen,
denn bald schon steht ein Braten, frisch,
mit einem Bierchen auf dem Tisch.
Mit großer Freude und Gelache,
pflegt später man die Jägersprache
und übertreibt, das ist doch klar,
der Jagdhund aber bellt: „'s ist wahr!"
Die Jäger streifen durchs Revier,
nicht nur für Wildbret und Plaisir,
denn alle Jägersleute wissen,
dass sie den Wald auch hegen müssen.
Ist mal der Jäger schlecht gesinnt,
weil ihm nichts kam vor seine Flint,
was soll's, dann war das Jagdergebnis
ein herrliches „Nullbock-Erlebnis"!

Entrüstung

Die Mode bringt uns heutzutage
eine massive Polsterplage.
Trumpf ist die „Breite-Schulterfrau“,
ich stellte mich auch so zur Schau.

In Bluse, Mantel, Rock und Jacke
ging ich gepolstert, bis zur Backe.
Die Watte reichte bis ans Ohr,
ich kam mir sehr belastet vor.

Bis gestern trug ich sie mit Würde,
ab heut’ ist Schluss mit dieser Bürde.
Ich widerstand nicht den Gelüsten,
mich endlich „oben“ abzurüsten!

Nun hab’ ich, das darf jeder wissen,
die Polster alle rausgerissen!
Das Resultat, es macht mich stumm,
nun schlabbert’s bei mir obenrum.

Seit diese Watte nicht mehr drin,
ist Schnitt, Format und alles hin.
Das bringt natürlich Ärgerstunden,
die auch mit Geldverlust verbunden.

Egal – ich habe sie verschmerzt,
die Polster sind nun ausgemerzt.
Ich will durch Polster, bis zum Kinn,
nicht stärker scheinen, als ich bin!

Ein breites Kreuz, nur durch Staffage,
führt, wenn's draufankommt, zur Blamage.
Nur stark sein durch Attrappenmoden?
Gebt Frauen lieber „festen Boden"!

Kluge Männer

Wie Horror tönt's von Haus zu Haus:
Die starken Männer sterben aus.
Ach, wie trüb' ist meine Seel',
nix mehr da von „staatse Käl".
Alle Jungs sind süß und nett,
nur noch „Softies" auf'm Parkett.

Männlichkeit wird ausgerottet,
Kavaliere eingemottet.
Ritter reiten so daher,
streitbar sind sie ja nicht mehr.
Selbst die Papagallos noch,
pfeifen aus dem letzten Loch.

Alle sind total verstört,
denn sie haben ja gehört:
Die gesamte Damensippe
segelt auf dem Egotrippe,
lassen sich auf nichts mehr ein,
machen alles ganz allein.

Ich appelliere an die Frauen:
Starke Männer nicht abbauen.
Wird man gänzlich sie ausbooten,
triumphieren die Chaoten.
Manche wissen es noch nicht
schwache Männer – weniger Licht.

Und im Schatten dieser Schätzchen,
gibt's auch manche Ruheplätzchen.
Ohne „Matschos“, hört mal her:
Wär' die Welt doch öd' und leer.
Schwarzenegger, nein oh, nein
schafft's doch auch nicht ganz allein!

Auch die stärksten Kraftgesellen
haben weiche, schwache Stellen,
lassen sich sehr gern ganz schön
von Frauen um den Finger dreh'n.

Mancher Kerl greift auch daneben,
wörtlich und im richtigen Leben,
das ist reichlich unmodern,
Frauen haben das nicht gern.

Frauen seid doch nicht so sauer,
wer hat Angst vor Männerpower?
Letztlich kommt's doch darauf an,
wie geh' ich um mit diesem Mann!
Viele lassen sich doch biegen,
wo, dass muss Frau selbst rauskriegen.

Männerkräfte gar nichts nützen,
wenn sie nicht das Gute schützen:
Mann mit Herz, Verstand und Kraft
eine Einheit – sagenhaft!

Höflichkeit tut gut

An einem trüben Wochentage,
ging ich durchs Dorf, der Laune wegen.
Bei tagelanger Regenplage
wär' ein Gespräch der reine Segen.

Doch nirgendwo ein Mensch zu sehen,
auch niemand aus dem Fenster guckt,
es ist fast nicht mehr zu verstehen,
hat's Internet sie all' verschluckt?

Da kam ein Herr des Weg's gegangen,
und zog von weitem seinen Hut,
als auch noch Grüße zu mir klangen,
da fühlte ich mich richtig gut.

Das „Hutzieh'n" war in alten Zeiten
ein ehrenvolles Ritual,
im Regen solche Höflichkeiten
sind wie ein heit'rer Sonnenstrahl.

Verlobung

Verlobung heißt, sich vorbereiten,
auf angestrebte Zweisamkeiten.
Geht alles gut, gelingt der Test,
gibt's sicher bald ein Hochzeitsfest.

Ja-Wort

Nun wollt Ihr Euren Weg gemeinsam gehen,
das Leben leben, immer Hand in Hand,
im Guten und im Schlechten fest
zusammenstehen,
verbunden durch ein starkes Liebesband.
Nun ist es Zeit, das Leben zu gestalten,
mit Hoffnung, Freude und viel Lebensmut.
Was Ihr Euch habt versprochen, müsst Ihr
halten,
dann wird mit Gottes Segen alles gut!

Liebe

Liebe und Glück
sollen Euch immer begleiten.

Liebe in guten
und in schlechten Zeiten.

Liebe ist göttlich,
es braucht sie die Welt.

Liebe, weil sie
Menschen zusammenhält.

Liebe ist wohl
die größte Kraft.

Liebe, weil sie auch
neues Leben schafft!

Stammhalter

Nanu, wer hätte das gedacht,
wer ist's, der aus der Wiege lacht?
Der Stammhalter!
Wie wundervoll,
der jetzt den Stammbaum halten soll.
Dazu braucht er jetzt sehr viel Kraft,
nun helft ihm, dass er es auch schafft!
Wer schon als Baby putzmobil,
der zeigt auch späterhin Profil.

Viel Glück

zu diesem süßen Jungen,
das Meisterstück ist gut gelungen!

Neues Heim

Ein neues Heim,
ein neues Glück,
die Mühe soll sich lohnen,
es mögen drin und drumherum
nur gute Geister wohnen!

Sechzig

Erfahrt es nun aus sich'rer Quell:
Ich werde 60 offiziell.
Das ist für mich kein harter Schlag,
ich freue mich auf diesen Tag,
bin ja auf jeden Fall des Falles,
noch gut für wirklich fast noch alles!
Ich lade hiermit herzlichst ein
zum fröhlichen Beisammensein.

Goldhochzeit

Wenn die Hochzeitsglocke läutet,
hör' ich immer gerne zu, denn ich weiß ihr Klang
bedeutet:
Jetzt ist „Lebensrandewu".

Grüne Hochzeit feiern viele,
Silberne gibt's auch im Land,
doch zum fünfzigjährigen Ziele,
sind die wenigsten imstand.

Fünfzig Jahre Eheleben,
fest vereint in Glück und Leid,
immer nur das Beste geben,
ist schon keine Kleinigkeit.

Was Ihr beide nun vollendet,
liebes Jubelehepaar,
hat der Herrgott Euch gespendet,
als sein Treue-Honorar.

Gab's auch manche schwere Stunde,
blies der Sturm um Euer Haus,
mit Euch ist das Glück im Bunde,
jedenfalls sieht es so aus.

Für die kommenden Gezeiten,
sei beschert Euch Gutes nur,
Glück soll weiter Euch begleiten,
bis zur letzten Inventur.

Habt noch viele, schöne Stunden,
auch noch manchen Höhenflug,
bleibt solang' in Lieb' verbunden,
bis Gott sagt: „Jetzt ist's genug."

Für Mama

Zuhause
ist nicht immer dort, wo Du geboren bist,
denn das Zuhause meistens ganz woanders ist.

Zuhause
ist, wenn man sich hat getraut,
und irgendwo ein Nestchen hat gebaut.
Ein Nestchen braucht nicht gleich ein Haus zu sein,
schon ein paar Zimmer sind genug, mal groß, mal klein.

Zuhause
ist, wo Kinder laufen,
da, wo sie lachen, weinen und sich raufen.
Ein Platz, wo man des morgens früh
schon weiß, der Tag bringt Sorg und Müh'.

Zuhause
ist, wo Türen knallen,
und manche harten Worte durch die Räume schallen.
Wo es so schwierig ist, mal Recht zu kriegen,
und wo, wenn's nicht gut läuft, die Gegenstände fliegen.

Zuhause
ist, wo Füße brennen,
was nie vom Nichtstun kommt,

mehr vom „Für-die-Familie-Rennen“.
Dort wo das Herz streikt, aber weiterhin
für Mutterliebe immer Platz darin.

Zuhause
ist, wo niemand sagt: Du siehst so müde aus,
Du tust zu viel, nun ruh’ Dich doch mal aus!
Wo Du für das, was Du geleistet und gemacht,
mit einem Löbchen viel zu selten, wirst bedacht.

Liebe Mama
Für all die Sorgen, die Du Dir gemacht,
für alle Nächte, die Du durchgewacht,
für Trosteworte, oft in Überlängen,
und Liebe pur, in mega-großen Mengen,
sei Dir gedankt fürs ganze Leben,
denn wer mit Liebe aufgewachsen ist,
kann anderen Menschen auch viel Liebe geben.

Für Papa

Für Mama hab' ich viel geschrieben,
so manch' Gedicht für sie erdacht,
für Papa ist es knapp geblieben,
weil er sich nicht so viel draus macht.

Doch nun möcht' ich ihm etwas sagen,
obwohl er's nicht mehr hören kann,
etwas aus längst vergang'nen Tagen
er war doch so ein guter Mann.

Mein Papa war bald 40 Jahre
als Mama mich geboren hatt'
ich war für ihn das wunderbare
Juwel mit Edelsteinkarat.

Wie hat er mich herumgetragen,
auf seinem Arm, durchs ganze Haus,
wenn meine Ärmchen um ihn lagen,
war ich für ihn die kleine Maus.

Er hatte für mich viele Namen:
mein Stitzken, Stümpken, mein Liebkind,
mein Gott, ich falle jetzt zusammen,
wenn ich an meinen Papa denk'.

Ich habe oft auf ihn gewartet,
wenn er von seiner Arbeit kam,
bin wie der Wind zu ihm gestartet,
schnell ich die Aktentasche nahm.

Drin war von seiner Tagesreise
für mich ein „Hasenbutterbrot",
das schmeckte mir wie Götterspeise,
obwohl es krumm war, fasst marod'.

Er hat mich mit dem Rad gefahren,
ich saß im Körbchen, frohgemut,
ja, das vergisst man nicht nach Jahren,
mit Papa fahren, das tat gut.

Die Kinderjahre schnell vergehen,
sie waren bald Vergangenheit.
Es wurde ernst, im Handumdrehen
erlebte ich die Jugendzeit.

Erwachs'ne Kinder machen Sorgen,
drum legte er mir oft ans Herz:
Kind, nimm dir vor an jedem Morgen
zu lernen, ich mein's nicht im Scherz.

Wer vieles kann, das musst du wissen,
der seinen Weg im Leben macht,
der brauch nicht fremde Füße küssen,
denn „selbstbestimmt" mehr Freude macht.

Mein Leben hat neu angefangen,
bald war ich eine junge Braut.
Als ich aus unserm Haus gegangen,
hat Papa mir lang' nachgeschaut.

Ich nahm an seinem Lebensende
ihn in den Arm und an mein Herz,
hab' ihm gestreichelt seine Hände,
musste verbergen meinen Schmerz.

Als danach eine Zeit vergangen,
viel Leut' zu mir gekommen sind:
„Wie hat Papa an dir gehangen,
du warst sein Ein-und-Alles-Kind."

Da sind die Tränen mir gekommen,
ich sagte laut: „Du lieber Gott,
das hätt' ich gern von ihm vernommen,
nun geht's nicht mehr, jetzt ist er tot."

100 Jahre

Hundert Jahre, welch ein langes Leben,
nicht alle Menschen kommen an das Ziel,
obwohl so manche danach streben,
doch hundert Jahre sind kein Pappenstiel.

Wer so alt wird, hat viel erreicht,
denn Leben ist nicht immer leicht.
Doch sicher gab's auch schöne Zeiten,
mit groß und kleinen Herrlichkeiten.

Auch wenn man immer kleiner wird,
nicht mehr rasant durch Räume schwirrt,
nicht so schnell fit des morgens früh,
gibt's immerhin noch Energie.

Die Zukunft wird jetzt etwas enger,
doch Menschen leben heute länger.
Jetzt zählt das kleine Einmaleins,
das ist die andere Art des Seins.

Viel Schönes soll Dir noch passieren,
Du mögest nie den Mut verlieren.
Erleb' den Tag in Dankbarkeit, für Deine lange
Erdenzeit.

Und jetzt erschallt ganz laut „Hurra", wie schön,
Du bist noch immer da!

Einladung

Wie alt ich werde, dürft Ihr fragen,
ich werd' es Euch trotzdem nicht sagen,
kommt lieber alle zu mir hin
und seht, wie knackig ich noch bin.
Den Zahlen soll man niemals trauen,
sie lügen oft, grad bei den Frauen.
Auf Euer Kommen zähle ich,
es wird gewiss nicht langweilig.
Ich freu' mich, bin wie aus dem Haus,
und häng' schon jetzt die Fahne raus.

Gute Wünsche

Worte sollen Dich erreichen, die Dich
Erfreuen und Dir den Tag verschönern.

Hände sich Dir entgegenstrecken,
um Dir Kraft und Stärke zu geben.

Füße auf Dich zukommen,
die gute Wege mit Dir gehen wollen.
Augen auf Dich gerichtet sein,
die Dich beschützen werden.

Düfte Dich umgeben, die Dich
In herrliche Träume versinken lassen.

Herzen sich für Dich öffnen,
um Dir Wärme und Liebe zu schenken.

Gedanken Dich bewegen, die Dich
frei und glücklich machen.

Junger Spund

Wieder ist ein Jahr vorüber,
ja, was soll's, na und?
Ärgere Dich nicht darüber,
bist ein „Junger Spund".
Gehst daher, so richtig zackig,
nix von alt zu seh'n,
jeder sagt, Du seist noch knackig
und sehr fotogen.
Pflege Deinen Charme auch weiter,
halt Dich wie bisher,
dann bleibst Du der Spitzenreiter
bis zum „Geht-nicht-mehr".

Engels-Wünsche

Ein Engel soll ans Firmament
Dir Bilder malen und Blumen,
zum Geburtstag, nur für Dich.
Die Sterne sollen
Tag und Nacht erstrahlen,
Dein Glücksstern
ganz besonders feierlich.
Das Meer soll sich in blaue Farbe
tauchen, die Wiesen herrlich
leuchten in sattgrün.
Der Wind ganz liebe Grüße
Dir zu hauchen, von mir, für Dich,
ich wünsch' Dir Wohlergeh'n.

Danke

Das schöne Fest ist nun verklungen,
mit Freude denkt man dran zurück,
und wenn ein Fest auch gut gelungen,
dann waren's Stunden voller Glück.

Ein herzlich „danke" an die Gratulanten,
an alle, die sich so viel Müh' gemacht,
besonders den Verwandten, Freunden und
Bekannten,
für all das Schöne und die Geschenkepracht.

Führerschein

Hurra, hurra, es ist vollbracht,
Du hast den Führerschein gemacht.

Nach vieler Mühe, bangem Hoffen,
steht nun die ganze Welt Dir offen.
Nun brauch sich niemand zu bequemen,
Dich gnädigst noch mal mitzunehmen,
jetzt kannst Du endlich selbst chauffieren,
und Dich bei andern revanchieren.

Ras' nicht mit 180 Sachen,
dann müssen wir uns Sorgen machen.
Ein Fahrstil nur von dieser Art,
der endet oft mit „Himmelfahrt",
ein Raser ist ein armer Tropf,
er hat's im Fuß, ihm fehlt's im Kopf.

Fahr los und mit Dir sei das Glück,
komm immer heil nach Haus zurück!

Lorbeerkranz

Einem lieben Menschen soll
man sagen: „Du bist wundervoll“,
doch wer so einzigartig ist,
wie Du es ganz alleine bist,
verdient sich dadurch voll und ganz,
den allerschönsten Lorbeerkranz.
Ich möchte Deine guten Taten
im Einzelnen jetzt gern verraten,
doch leider fehlt dazu der Platz,
drum sage ich in einem Satz:
Wo Du bist, da ist Harmonie,
ich schenk' Dir einen Orden,
Du kommst noch wegen Sympathie
ins „Guinness der Rekorde“!

Gute Besserung

Ich weiß, dass Du jetzt traurig bist,
weil Dich Wehwehchen plagen,
und weil das nicht vergnüglich ist,
will ich Dir etwas sagen:
Vertraue Deinem guten Stern,
sein Licht wird Dich bewachen,
dann ist Gesundheit nicht mehr fern,
bald kannst Du wieder lachen!

Abitur

Donnerwetter bist Du gut,
Du hast Dein Ziel erreicht,
der erste Schritt zum Doktorhut,
der war bestimmt nicht leicht.

Nun hast Du's wirklich auf Papier,
kannst Angst und Frust begraben,
freu' Dich mit allen, die mit Dir
gehofft, gelitten haben.

Die wilden Träume in der Nacht,
die ungewissen Stunden,
die Dir den Horror „live" gebracht,
sind allesamt verschwunden.

Nun ist zunächst mal angesagt,
den Blutdruck abzusenken
und Nerven, die so arg geplagt,
verdiente Ruhe schenken.

Versuch', die ganze Wissenschaft
vorerst auf Eis zu legen,
und den, (weil Du so abgeschlafft),
Pflegmatikus zu pflegen.

Sich Ruhe gönnen macht stabil,
genieße gute Gaben,
nichts ist so schön, wie das Gefühl,
etwas vollbracht zu haben.

Jetzt wird genüsslich ausgespannt,
nur wenig angeleiert,
Silentium für den Verstand,
nun wird ein Fest gefeiert.

Du bist dabei die Hauptperson,
lass' Freude explodieren,
denn keine Prüfungskommission
kann Dich mehr drangsalieren.

Viel Glück und dreimal toi, toi, toi.
Lass' Dir ein Loblied singen,
Dein Leben, das beginnt jetzt neu,
soll Dir viel Gutes bringen.

Sei stolz, doch niemals dünkelhaft:
Der Tipp soll nicht verletzen.
Denk' dran: Die's Abi nicht geschafft,
nur ja nicht unterschätzen.

Vatertag

Papa ist das Oberhaupt,
wenn er es auch selbst nicht glaubt.
Kluge Menschen aber wissen,
was die Väter leisten müssen.
Darum soll er sich erfrischen,
heute kühle Bierchen zischen,
und wie herrlich so eins schmeckt,
sieht man, wenn er Schaum ableckt.

Lange mög' er's noch genießen,
denn wenn Malz und Hopfen fließen,
wird bald froh das Minenspiel
und die Laune gut-stabil!

Jubiläum

Das Jubiläum ist Latein
und heißt etwa: Gedenken,
man wird für treues Tätigsein,
Dich ehren und beschenken.

Hast Deine Sache gut gemacht,
drum nimm den Dank entgegen,
der Dir nun herzlichst dargebracht,
von Freunden und Kollegen.

Ein ehrlich' Lob zur rechten Zeit,
gehört zum „Salz der Erde",
es zeugt von viel Verbundenheit,
die immer besser werde.

Ganz einfach war es sicher nicht,
doch Du hast durchgehalten,
Du tatest immer Deine Pflicht,
durch treffliches Verhalten.
Nun woll'n wir, wie's auch andere tun,
mit Dir uns freu'n und lachen,
und Du wirst, statt Dich auszuruh'n
bald fröhlich weitermachen.

So sind Journalisten

Bei Journalisten, das weiß jeder,
kommt viel – auch Gutes aus der Feder.
Bei Neuestem, so kann man lesen,
sind sie hautnah dabei gewesen.
Sie orten jede heiße Spur,
in Politik und Subkultur.
Auch wo man der Natur geschadet,
wer täglich seine Hühner badet,
wer Karneval sich gut verkleidet,
wo man an Unverständnis leidet,
wer zu den ersten Bürgern zählt,
wer sich in der Partei verwählt.

Es bleibt ihnen fast nichts verborgen,
sie ahnen sogar unsere Sorgen.
Bevor die Bürger geh'n zur Ruh,
machen sie ihre Häuser zu,
sonst bringt brühwarm die NGZ:
Skandal bei Schmitz im Ehebett.
Egal was einer hier verbrochen,
sie haben's vorher schon gerochen.
Ich wett', sie lesen's aus den Sternen,
das ist Talent, man kann's nicht lernen.
Aus ihrer Feder fließt brillant,
was sich so tut auf'm flachen Land.
Ob ein Gedicht, ob Reportage,
wo es noch gibt Zivilcourage.
Mal über- und mal untertreiben,
schwer ist es, jedem rechtzuschreiben,

doch rundherum darf ich wohl sagen:
sie geh'n den Dingen an den Kragen,
bemüh'n sich, niemand zu verderben,
ihr Tipp: es geht auch ohne Scherben.
Sie knacken für uns manche Nüsschen,
wir danken ihnen – Küsschen, Küsschen.

Der Chefarzt

Ich gehe einmal davon aus,
es liegt ein Mensch im Krankenhaus,
der zwar nicht mit dem Tode ringt,
doch auch nicht mehr „Hosanna“ singt.
Er liegt ermattet ganz in weiß,
und gibt sich fremden Menschen preis,
die ihn besichtigen und vermessen,
es wird kein einziger Nerv vergessen.

Sie prüfen ihn auf Herz und Niere,
am schlimmsten sind noch die „Vampire“,
bewaffnet mit sterilen Spritzen,
die sie ihm in die Vene ritzen.
Sie saugen ihm sein teu’res Blut,
bis die Ampulle bersten tut.

Es wird auch schon mal hektischer,
die ganze „Crew“ perfektischer,
dann huscht’s und klappert’s auf den Fluren,
und alle sind auf vollen Touren.
Warum? Es kommt, man ahnt es schon,
der „Chef“ in eigener Person.
Er reckt sich, macht den Rücken grade,
umgeben von der Hilfsbrigade
wird der Patient nun anvisiert,
mal seh’n, wie alles funktioniert.

Es pocht ganz kräftig an der Tür,
dann steht der „staatse Käl“ vor dir.
Nun denkst du ängstlich: Jetzt geht’s ran,
doch aber nicht bei diesem Mann.
Er nimmt dein Händchen, hält es fest,
damit du dich entspannen lässt.
Er strahlt dich an, dass es so funkt,
und bringt die Sache auf den Punkt.

Sein angenehmer „Schlitzohr-Blick“,
der suggeriert „Genesungsglück“.
Er bringt es schließlich noch soweit
und hat dich ganz auf seiner Seit’.
Du träumst schon von zu Haus’ und so,
kurzum der Mann macht Kranke froh.
Er kann dich so in Hoffnung wiegen,
du glaubst ihm glatt barmherz’ge Lügen.

So sieht man ihn fast jeden Tag,
und wenn er fort ist, ich mich frag’:
Kraft verschenken kostet Kraft,
wie er das nur alles schafft!
Gesetzt den Fall es wär’ Routine,
ich glaub’ nicht an die Menschmaschine,
auch er kennt nicht nur Sonnenschein,
ist er wohl manchmal sehr allein?

Die Antwort kann ich mir fast denken,
ich möcht’ ihm diese Zeilen schenken,
vielleicht hat er sie gut gefunden
als „Trösterchen“ für trübe Stunden!

Zahnarzt

Es sind sich einig Mann und Frau,
beim Zahnarzt ist der O-Ton „Au“,
und deshalb jeder Mensch versteht,
dass niemand gern zum Zahnarzt geht.

Ich zählte auch zu dieser Sorte,
schritt letztens durch die Zahnarztpforte,
zu „Teggi“, so wird er genennt
von Personal und Patient.

Ich trug ihm meine Sorgen vor,
er lieh’ mir gleich sein Aug’ und Ohr.
Nach hin- und her- und quergedacht,
mich dieser Mann in Hoffnung macht.
Er avisiert, durch großes Wissen,
ich könne bald schon wieder küssen.
Das tun die meisten immerzu,
für mich war’s lange schon tabu,
weil mir, bei diesem schönen Spiel,
der Zahnersatz herunterfiel.

Wir beide sind’s dann angegangen,
er hat’s sanieren angefangen.
Ein Patient in Zahnarzthand,
was das heißt, ist wohl weltbekannt.
Auf seinem Stuhl sind Arm und Reich,
wenn es denn losgeht, alle gleich!

Beim ersten Stiche ruft man dann,
alle bekannten Heiligen an.
Ist dann der erste Schmerz vorbei,
beginnt die nächste Quälerei.
Es wird gebohrt, es wird gerissen,
die meisten fühl'n sich sehr besch...eiden.
So mancher Arzt, im Schaffensdrang,
zieht dem Patient die Lippe lang.
Das macht er nicht nur für Sekunden
Nein – die Tortura dauert Stunden!

Ich kann von Glück sagen, von großem,
dass ich auf „Teggi" bin gestoßen.
Er hat, anstatt mich umgebracht,
ein Festival daraus gemacht.
Vier Stunden hat das Fest gedauert,
derweil' auf Schmerzen ich gelauert.
Er hat mir viel davon erspart,
durch seine liebevolle Art.

Hing ich doch mal im tiefen Loch,
frug er: „Frau Förster, geht es noch?"
Legt' mir die Hand auf, für Sekunden,
und schon war aller Schmerz verschwunden.
Dies alles macht er nicht allein,
die Damen stimmen auch mit ein.
Sie fahren aus, alle Antennen,und trösten dich,
wo sie nur können.Ich sage noch, weil's gut
geklappt:
Ich habe wirklich, Glück gehabt!

So, nun geht's mir bald ans Geld,
wenn seine Rechnung so ausfällt,
dass ich nicht gleich vor Schreck umfall',
dann war's wirklich ein Festival.
Ich tat noch etwas, sehr verwegen,
das will ich hier noch offenlegen:
Hab' in der FAZ soeben
diese Annonce aufgegeben:

An alle Freunde und Bekannten,
an Nachbarn und die Anverwandten:

Bin wieder, so nun alle staunt,
kussfest und wieder gutgelaunt!!

Endlich Rentner

Den einen gibt's der Herr im Schlaf,
die andern müssen schuften,
sie tun das bis zum „Geht-nicht-mehr“,
doch Du willst nun „verduften“.

Die Rentner-Zeit bricht nun herein,
Du kannst Dich neu entfalten,
und ab sofort Dein Tätigsein
wie Du es willst, gestalten.

Das Wetter ist kein Thema mehr,
kannst nun im Bette bleiben,
wenn die Kollegen, wie bisher,
durch Sturm und Regen treiben.

Kommandos sind nun Luft für Dich,
vorbei ist das Dressieren,
dergleichen nichts mehr hinderlich,
Schluss auch mit schikanieren.

Jetzt wird zunächst mal abgeschnallt,
genieß' die Lebensfreuden,
was Du an Rente eingezahlt,
das kannst Du nun vergeuden.

Wie's später wird, das weiß man nicht,
vielleicht die Renten fallen,
das kümmert Dich doch heute nicht,
lass nun die Korken knallen!!

Das Frühjahr

Bäume, Blumen und die Pflanzen
schmücken sich und möchten tanzen,
denn sie haben schon vernommen:
das Frühjahr, das ist angekommen.
Tieren ist das auch bekannt,
sie sind außer Rand und Band,
leben gern auf dieser Welt,
denen kostet's ja kein Geld.

Menschen sind nicht so fein raus,
menschlich sieht das anders aus.
Sagt der Winter uns ade.
wird es mau im „Portmonnee".
denn das Frühjahr, das wird teuer,
manchen trifft es ungeheuer.

Mittags, ich war fest am Schlafen,
mich nicht Horrorträume trafen,
Töne war'ns aus dieser Welt,
ein Postbote, der hat geschellt.

Post für mich, von wem und was?
Oh Gott, die Abrechnung vom Gas.
Noch etwas seh' ich, herrjeh,
die Schlussrechnung vom RWE.
Die Stadtverwaltung auch noch mahnt:
„Gott, werde ich heut' abgesahnt!"

An diesem Tag gab mir den Rest:
Die Forderung vom D A S.
Alles war, das ist doch klar,
teurer als im letzten Jahr.

Schädel brummt, ich bin benommen,
wie soll ich denn da rüber kommen?
Alles kam an einem Tag,
ist das denn kein harter Schlag?

Die Natur ist noch nicht warm,
doch der Geldbeutel schon arm.
Vom Frühjahr sieht man keine Spur,
nur Regen platscht, in einer Tour.

Ungefähr nach 14 Tagen,
schlug mir noch was auf den Magen,
der Biss blieb mir im Halse stecken,
das war der reine Horrorschrecken,

denn unser starker Rasenmäher,
dieser Oberpharisäer,
fuhr nicht runter und nicht rauf,
gab den Geist ganz plötzlich auf.

Damit war dann noch nicht Schluss:
Mein Gewicht stand hoch im Plus!
Schlimmer konnt' es gar nicht kommen,
5 Kilo hatt' ich zugenommen!“

Ich bin wirklich sehr erblasst,
auf mein Figürchen nichts mehr passt!
Kein Teil hängt hier im Kleiderschrank,
was noch passt, das macht mich krank.

Jetzt kann ich nur noch Haare raufen,
doch keine neuen Kleider kaufen.
Wenn jetzt kein Wunder wird gescheh'n,
muss ich in Sack und Asche geh'n.

Gott, was ist das eine Welt,
der Osterhas' bringt auch kein Geld.
Ich hoff' der Horror hört bald auf,
sonst geh' ich noch die Wände rauf!!

Gruß an Ottrau

Ich geh' so gern am Waldesrand,
in Ottrau, weit im Hessenland.
Auch zieht's mich mächtig ins Revier,
ich fühl mich wohl und glücklich hier.
Es wird noch die Natur gepflegt,
der Jägersmann die Tiere hegt.
Er schießt nur, was er schießen muss,
hier ist die Luft noch ein Genuss.

Im Frühling, wenn der Nebel steigt,
des Sternenhimmels Pracht sich zeigt,
wenn Blumenteppiche betören,
kann man auch Bäume flüstern hören.

Zur Sommerzeit, wenn Sonne glüht,
der Bauer sich ums Korn bemüht
und Elfen tanzen nachts im Wald,
dann Mensch, fromm deine Hände falt'

schick deinem Gott ein Dankgebet,
damit's noch lang so weitergeht.

Der Mensch hat Ottrau nicht erfunden,
es stammt aus Götter-Sternenstunden!

Kommt später dann der Herbst ins Land
und Erntegut liegt in der Hand, dann gibt man
dem, der wenig hat,
auch etwas mit und macht ihn satt.

Zur Weihnachtszeit wird es ganz still,
weil dann der Winter kommen will.
Man sieht die Menschen, Has' und Reh,
sofern vorhanden – tief im Schnee.
Der Mann im Mond am Himmel lacht,
wünscht allen eine gute Nacht.
Dann denk' mit Wehmut ich im Sinn,
schon wieder ist ein Jahr dahin.
Ein Wunsch kriecht in mein Herz hinein:
Ich möcht' noch oft in Ottrau sein!

Osterhase

Osterhase, weißt Du was?
Leg' bitte Eier mir ins Gras.
Rote, grüne, gelbe, blaue,
hättest Du vielleicht auch graue?
Ganz besonders wünsch' ich mir:
Eins mit einem Bild von Dir.

Kritik und guter Rat

Ich liebe große Ovationen,
damit sich meine Mühen lohnen,
denn schließlich hab' ich mich bemüht,
dass man nur Bestes hört und sieht.

Doch fühl' ich mich auch nicht blamiert,
wenn man mich fachlich kritisiert.
Man soll sich gar nicht so genieren,
den Meister mal zu derangieren,
weil irgendwann ein Exemplar
von ihm zu oberflächlich war.

Der Kluge wird Kritik annehmen,
seinem Talent die Sporen geben.
Doch mancher hat mit „guten Räten“
ins Fettnäpfchen hineingetreten,
denn gutem Rat und auch Kritik
begegnet man mit bösem Blick.
Doch später hab'n sie unverhohlen,
es so gemacht, wie man's empfohlen.
Sie geben leider niemals zu:
Mein guter Ratgeber warst Du!
Sie hängen sich's an ihre Haxen,
als wär's auf *ihrem* Mist gewachsen!

50 Jahre

Geburtstag feiern viele Leute,
Du feierst auch Geburtstag heute.
Du bist ein 50-Jahr-Vollender,
das kam heut' morgen übern Sender.

Hundert Jahre angestrebt,
fünfzig Jahre schon gelebt.
Fünfzigjährige brauchen noch keinen Trost,
denn sie legen jetzt erst mal richtig los.
Doch sollte man Zeit schon besser einteilen,
und vielleicht bei diesen Gedanken verweilen:

Positiver den Tag zu beginnen,
durch Freundlichkeit mehr Lebensfreude
gewinnen,
viele Projekte ins Auge fassen,
aber die Seele auch baumeln lassen.

Misserfolge nicht tragisch nehmen,
solche Sachen gehören zum Leben,
den Ballast erkennen und möglichst zu mindern,
wer gehen will, den nicht daran hindern,
mehr Fragen stellen, als Antworten geben,
weil an Antworten viele Missverständnisse
kleben.

Genießen, was Dir Neider nicht gönnen,
den Mitmensch als Bruder/Schwester erkennen.
Den Sinn der leisen Töne erfassen,
die Schreier mal möglichst sich selbst überlassen,

Unkraut mal ganz genau betrachten,
bei Worten auf Verletzlichkeit achten.
Den Sonnenuntergang mit der Seele genießen,
wissen, dass bei Regen auch Blumen sprießen,
das kleine Glück bewusster erleben,
Friedensgedanken mehr Chancen geben.

Freu Dich des Lebens, genieß' es, begreife,
denn jetzt beginnt erst die Zeit der Reife.

Der Pumpenschwengel

Er hängt beweglich im Gestängel,
mein heißgeliebter Pumpenschwengel.
Es hat noch niemand ihn erblickt,
er wird von meinem Kopf beschickt.
Mal poltert er, mal ist er still,
ich lass ihn machen, was er will.
Wenn er sich mal bewegen muss,
ist das für ihn ein Hochgenuss.
Kommt manchmal so ein Mensch daher,
ein Besserwisser, Schwadroneur,
ein Stänkerer, so'n blöder Haufen,
lass' ich ihn vor den Schwengel laufen.

Es gibt dann keinen lauten Knall,
doch einen Ruck auf jeden Fall,
trifft den „Beschwengelten“ ins Hirn,
man sieht es manchmal auf der Stirn.
Die Menschen, die man noch kann lenken,
die kommen meistenteils ans Denken,
und geben dann für das Gescheh'n,
dem Schwengel gern ein Dankeschön.

Doch jene, die dann rebellieren,
die ihre Dummheit zelebrieren,
wo Hopfen und auch Malz verloren,
die Watte tragen in den Ohren
und Einsicht nur ein Fremdwort ist,
die jagt mein Schwengel auf den Mist.

Dort soll'n sie stänkern, so lang's geht,
für die ist's sowieso zu spät!

Abschied

Ade, jetzt heißt es, Abschied nehmen,
nun reicht man sich die Hände.
Ein Abschied heißt auch: Neues Leben,
nicht immer gleich: das Ende.

Für viele ist die Stunde schwer,
weil sie nicht gerne gehen,
doch andere wollen gar nicht mehr,
sie möchten: Neues sehen.

Nun noch ein letzter Überblick,
besinnliche Gedanken
an Arbeit, Freundschaft, Pech und Glück,
Geschichten Dich umranken.

War's denn nicht eine gute Zeit,
mit vielen, schönen Stunden?
Gab's auch mal eine Schwierigkeit,
man schaffte doch die Runden.

Leb wohl,
nun pack die Zukunft an,
mit Kraft und gutem Mute.
Viel Glück zum neuen Lebensplan
und alles, alles Gute.

Ein letztes Wort, ein Lächeln
und ein freundlich' Händepressen,
das war's, nur eine Bitte noch:
Die Freunde nicht vergessen!

Hein ist fort

Morgens zwischen neun und zehn
hab' ich oft den Hein geseh'n.
Manches Mal der Menschen zwei,
wenn Heinrichs Frau auch mit dabei.
Schwätzchen wurden dann gehalten,
über Politik empört,
über dunkele Gestalten
und dass sie das Fernseh'n stört.

Höflich war Hein, gut gekleidet,
„Alte-Schule-Kavalier“,
wenn er auch an Rheuma leidet,
freundlich war er stets zu mir.
Seine Augen strahlten immer,
dieses Lächeln um den Mund,
alte Haut hat auch noch Schimmer
und Gedanken sind noch bunt.

Dann ward mir ein Tag verdorben,
in der Zeitung konnt' ich's seh'n:
Heinrichs Frau, die ist verstorben,
wie wird es nun weiter geh'n?
Ich sah diesen Mann dann müde,
traurig durch die Straßen zieh'n,
nichts von Glück und nichts von Friede,
war mehr im Gesicht zu seh'n.
Zeichen von Alleinsein
zeigte auch sein Äußeres schon,
doch er wollte noch dabei sein,
hatt' noch Lebensillusion.

Aber dann sank er noch tiefer,
auch sein Sinn war nicht mehr klar,
seine Sprache viel naiver,
Hein war nicht mehr, was er war.
Mich hat's plötzlich hingeschlagen,
als man sagt: „Der Hein ist fort."

Menschen hörte man beklagen,
er sei jetzt an fremden Ort.
Dort hat es ihn nicht gehalten,
er lief weg, war ganz verwirrt,
später sah man dann den alten
Mann, wie er herumgeirrt.

Manchmal kommen mir die Tränen,
wenn ich denk' wie, schnell es geht,
tausendfach gibt's solche Szenen,
doch die Welt sich weiterdreht.
Möcht' ihm gern noch Worte schenken,
fragen: „Hein, wie kam's soweit?"
War's, was Menschen nicht bedenken:

Des alten Mannes Einsamkeit?

Ich an mich

Wenn einmal in fernen Tagen,
wo mein Name wird genannt,
hoffe ich, dass Menschen sagen:
„Oh, die hab' ich gut gekannt."

Sie war gern ein Glehner Mädchen,
lebte dort viel Jahre lang,
hielt in Gang ihr Lebensrädchen,
mit Freude und viel Schaffensdrang.

Vier Männern schenkt' sie ihre Liebe,
dem Vater, Mann, den Söhnen zwei,
ging mit ihnen durchs Weltgetriebe
nicht immer so ganz sorgenfrei.

So manchen Sonnenstrahl im Leben,
der für sie selber vorgeseh'n,
hat ihren Kindern sie gegeben,
es sollte ihnen wohl ergeh'n.

Die Firma, das war ihre Freude,
sie hat sie damals miterbaut,
mit Hermann, ihrem Mann, sie beide,
sie haben sich das zugetraut.

Mit gar nichts hab'n sie angefangen,
sie hatten nur ganz wenig Geld,
doch mutig wurd' es angegangen
und alles „auf die Bein' gestellt".

Es kamen Jahre voller Freude,
auch Niederlagen gab's zuhauf.
Oft war sie tief gedrückt vom Leide,
doch sie stand immer wieder auf.

Und in der Mitte ihres Lebens,
war dann das Schreiben ihre Lust,
der Antrieb dieses starken Strebens,
war Leidenschaft, sie hat's gewusst.

Man konnte oft über sie lesen:
Sie schreibe gern von Freud und Schmerz
und aufsässig sei sie gewesen,
die Kämpferin mit Mut und Herz.

Sie wollt' die Spreu vom Weizen trennen,
wer schafft das schon, wer macht das recht?
Der Herrgott, der wird's machen können,
doch wie sie's tat, war's auch nicht schlecht.

Dann musst' sie Hermanns Tod verwinden,
drei Jahre lebte sie allein,
sie wollte sich doch nie mehr binden,
da kam ihr Jugendfreund, der Hein.

Er wollt' ihr seine Liebe geben
und eine schöne Zeit begann,
zehn Jahre konnt' sie mit ihm leben
dann starb er, dieser gute Mann.

Und von diesen Dingen allen,
ist sie nun schon längst genesen,
schreiben ist ihr Wohlgefallen,
so wie's immer schon gewesen.

Wenn dann Menschen, die sie trafen,
sagten: „Du hast's wirklich drauf,"
geht sie abends ruhig schlafen
und steht morgens fröhlich auf.

Im Herzen

Wenn die Stunden weniger werden,
Lebenszeit zu Ende geht,
Abschied naht von dieser Erde,
Hauch von Ewigkeit schon weht,
wenn bei einem lieben Menschen
stille steht die Lebensuhr,
kommt die Zeit, wo man sich müht,
um eine Lebensinventur.

Wenn ein lieber Mensch gegangen,
dem man alles hat gesagt,
der auch immer zugehört,
und nie das Falsche hat gefragt,

mit dem man so tief verbunden,
viele Jahre fest vereint,
in des Lebens schönen Stunden,
stärker noch, wenn man geweint,

dann zerbrechen Fundamente,
nichts ist wie es einmal war,
nur Erinnerungsmomente
sind in Zukunft wahrnehmbar.

Warst der gute Mensch für alle,
ganz besonders auch für mich,
einsetzbar in jedem Falle,
„Henry" ich vermisse Dich.

Ich gönn Dir die ewige Ruhe,
wenn ich auch sehr traurig bin,
hab' Dich ja in meinem Herzen
und für immer auch im Sinn.

Hoffnung

Die ganze Welt sehnt sich nach Frieden,
doch Friede kommt nicht von allein.
Die Menschen sind zu sehr verschieden,
drum kehrt der Friede auch nicht ein.
Doch bleibt die Hoffnung noch bestehen,
wenn sich Vernunft bei uns vermehrt,
und wir mehr miteinander gehen,
dass Friede
auf der Welt einkehrt.

Friede auf Erden

Eine halbe Ewigkeit
hat es gedauert,
bis wir Menschen
auf diese Welt
gekommen sind.

Eine ganze Ewigkeit
werden wir nicht mehr
hier sein.

Gott hilf uns,
dass wir in der kurzen Zeit
unseres Erdendaseins
in Frieden
miteinander leben können!

Träumerei

„Ich hab' ein Mittel gegen Krieg gefunden,
es ist vorbei mit diesem Höllenspiel."
Dies tät ein Wissenschaftler gern bekunden,
denn Frieden schaffen, war sein Lebensziel.

Er forschte viele, viele lange Jahre,
nahm alle Möglichkeiten ins Visier,
nichts fiel ihm ein und schon ergrauten seine
Haare,
es schwand auch mehr und mehr sein
Lebenselixier.

Warum ist das, was alle wollen, nicht zu schaffen?
Der Friede wäre doch der größte Sieg,
weil zwischen Krieg und Frieden Welten klaffen.

Dann gibt's nur eins:
Erklärt dem Krieg den Krieg!

Unerfüllter Wunsch

(By, by Corona)

Corona, oh Corona, endlich hast du uns verlassen.
Corona, oh Corona, nein, wir können's noch nicht fassen.
Du wärest sicherlich noch länger hiergeblieben,
wenn wir, mit klugen Menschen, Dich nicht aus der Welt vertrieben.
Es ist soweit, nun können, nein wir müssen jetzt neu starten,
mit frischem und mit frohem Mut, wir dürfen nicht mehr warten.
Was Du uns alles angetan, wir werden's nie vergessen:
das aufzuzählen, ja, das wäre wirklich sehr vermessen.
Ein Neubeginn ist angesagt, auf vielen, vielen Wegen,
die Umwelt wartet auch, wir müssen schnellstens „Hand anlegen".
Noch ist es Zeit, jetzt können, nein, jetzt müssen wir es bringen,
die Menschen sind bereit, gemeinsam wird es uns gelingen.

Glückwünsche

Liebe Ruth

Geburtstag haben viele Leute,
ja, Du hast auch Geburtstag heute.
Ein neues Lebensjahr bricht an,
begrüß' es freundlich, denke dran,
es kommt nicht immer ganz allein,
das Glück will gerne mit ihm sein.

Mach beiden Herz und Türen auf,
dann freu'n sie sich und sind gut drauf.
Gesundheit, Freude, Wohlergehn
und ganz viel Liebe, Du wirst sehn,
sind die Geschenke, nur für Dich.
Mit dem Gebrauch sei vorsichtig.

Solch Gutes kann *ich* Dir nicht schenken,
doch ich kann heute an Dich denken,
Dir wünschen, dass nur beste Sachen,
im ganzen Jahr Dir Freude machen.

Ist mal ein Tag nicht wundervoll,
dann leb' ihn nicht in Frust und Groll.
Sei clever, mach das Beste draus,
schnapp Dir den Fred und geh' ums Haus.
Dort reinigt sich die dicke Luft,
verwandelt sich in Rosenduft.

Liebe Ruth

Vielleicht gefällt Dir mein Gedicht,
es könnte aber auch sein – nicht.
Nimm's an, mein Ruthchen, denke dran:

es kommt von Herzen,

von Mariann'

(Heute hast Du sicher genug zu tun. Ich rufe morgen an.)

Gedanken zum neuen Jahr

Das alte Jahr geht jetzt zur Ruh'
Vergangenheit deckt es nun zu.
So viel passiert, so viel geschehen
und trotzdem wird es weitergehen.
Es wird ins neue Jahr gestartet,
was uns wohl alles bald erwartet?
Trotz vieler, düsterer Prognosen,
fall ich nicht tiefer in Neurosen.
In Hoffnung auf ein friedlich Leben,
hab' ich mir Vorsätze gegeben:

Mit guten Gedanken den Tag beginnen,
mit Freundlichkeit mehr Lebensfreude gewinnen.
Erkennen, dass Tage noch wertvoller werden,
weil Unsicherheit sich breitmacht auf Erden.

Einen Sonnenuntergang mit der Seele genießen,
wissen, dass bei Regen auch Blumen sprießen.
Unkraut mal ganz genau betrachten,
bei Worten auf Verletzlichkeit achten.

Hören welch Liedchen die Vögel singen,
das Herz öffnen, wenn Abendglocken erklingen.
Sich öfter mal selbst in Frage stellen,
das braucht Kraft, aber wird so manches erhellen.

Viele Projekte ins Auge fassen,
aber die Seele auch baumeln lassen.
Misserfolge nicht tragisch nehmen,
solche Sachen gehören zum Leben.

Den Sinn der leisen Töne erfassen,
die Schreier mal öfter sich selbst überlassen.
Den Ballast erkennen und zu vermindern,
wer gehen will, den nicht daran hindern.

Mehr Fragen stellen als Antworten geben,
weil an Antworten viel Missverständnisse kleben.
Das kleine Glück bewusster erleben.
Friedensgedanken mehr Chancen geben.
Das sind Vorsätze, die ich für mich ersann, ob ich
sie wohl auch einhalten kann?

Auch im Skript-Verlag erschienen:

Neuss: *literarisch*

Herausgeberinnen:
Eleonore Hillebrand, Maria Lange-Otto

Über 60 Geschichten und Gedichte von 29 Autorinnen und Autoren aus der Region: spannend, besinnlich,
lustig, überraschend …

236 Seiten
ISBN 978-3-928249-61-4
Taschenbuch
ISBN 978-3-928249-62-1, e-Book
Skript-Verlag 2020

RUND & GIFTIG

Tagebuch einer Daheimgebliebenen
von: Eleonore Hillebrand
Persönliche Notizen aus dem Jahr 2020. Ein beeindruckendes Zeitdokument.

112 Seiten
ISBN 978-3-928249-63-8
Taschenbuch
Skript-Verlag 2021

Geteilte Tage

Geschichten

von: Maria Lange-Otto

Geschichten von Maria Lange-Otto ziehen hinein ins Geschehen, in ihre liebevoll philosophische Denkweise, deren Hintergründigkeit oft erst nach zweimaligem Lesen oder Hören offenbar wird. Stilistisch sind es gedankliche Kleinodien einer Frau, die Dinge und Menschen nach innen hin durchdringt und sie durch ihre Erzählung lebendig macht. Dreh- und Angelpunkt ist die Liebe in ihrer Vielfalt.

Taschenbuch, 12cm x 19cm, 146 Seiten
ISBN-13: 978-3-928249-67-6
Skript-Verlag 2021

AUF BLÄTTERN

Gedichte

von: Eleonore Hillebrand

Auf Blättern heißt das kleine Meisterwerk, in dem Eleonore Hillebrand Gedichte aus 20 Jahren literarischen Schaffens zeigt. Der versierte Leser weiß, Gedichte schreiben ist Arbeit. Gute Gedichte kommen nicht leicht aufs Papier, die Worte finden und formen sich nicht schnell, ihr Sinn öffnet sich erst im wiederholenden Lesen.

Taschenbuch 12cm x 19cm, 126 Seiten
ISBN 978-3-928249-64-5
Skript-Verlag 2021